ДОБРЫЙ БОГ

Псалом 33

Я всегда буду говорить хорошее о Боге и рассказывать другим, как Он Велик.

«Восславлю Господа во всякое время, хвала Ему всегда на устах моих.»

(стих 1)

Когда я чувствую себя плохо, я знаю, что сила Бога укрепляет меня.

«Душа моя будет хвалиться Господом; пусть услышат кроткие и возвеселятся.»

(стих 2)

Давайте прославлять Бога вместе и рассказывать о том, насколько чудесен наш Бог.

«Славьте со мною Господа; превознесем Его имя вместе!»

(стих 3)

Когда я молюсь Богу, Он слышит меня, и мой страх исчезает.

«Я искал Господа, и Он мне ответил и от всех моих страхов меня избавил.»

(стих 4)

Когда впускаешь
Бога в свою жизнь,
всё меняется
только к лучшему.
Ты никогда не
пожалеешь об этом.

«Кто обращал к Нему взор,
сияет от радости, лица их не
покроет стыд.»

(стих 5)

Если у меня трудности, я просто помолюсь. Я уверен, Бог поможет мне.

«Этот бедняк воззвал, и Господь услышал его, и от всех напастей его избавил.»

(стих 6)

Бог посылает
Своих Ангелов. Они
всегда рядом, чтобы
защищать меня.

«Ангел Господень ополчается
вокруг тех, кто боится Господа, и
избавляет их.»

(стих 7)

Посмотри на свою жизнь, и ты увидишь, что Бог добр и он продумал всё нам во благо.

«Вкусите и увидите, как благ Господь! Благословен тот, кто ищет прибежища у Него.»

(стих 8)

Я почитаю Бога, Он настолько Велик: Он отлично заботится обо мне, а я нуждаюсь в Его заботе.

> «Бойтесь Господа, святые Его, ведь кто боится Его, ни в чем не нуждается.»
>
> (стих 9)

Порой даже сильные животные не находят еду. Но те, кто просят у Бога обо всем в молитве, получают все необходимое.

«Молодые львы бедствуют и голодают, а ищущие Господа не имеют нужды ни в каком благе.»

(стих 10)

Я люблю читать Библию. Она учит меня, как славить Бога и жить для Него.

«Придите, дети, послушайте меня, я научу вас страху Господню.»

(стих 11)

Я хочу, чтобы каждый мой день проходил счастливо, поэтому я очень стараюсь не говорить плохо о других...

«Кто любит жизнь и желает видеть добрые дни, тот удерживай свой язык от зла...»

(стих 12)

И ещё я стараюсь всегда говорить правду, даже когда это бывает сложно.

«... и свои уста от коварных речей.»

(стих 13)

Я хочу поступать правильно, поэтому я стараюсь быть отзывчивым и добрым.

«Удаляйся от зла и твори добро; ищи мира и стремись к нему.»

(стих 14)

Бог присматривает за мной. Он всегда рядом, когда я нуждаюсь в Нем.

«Глаза Господни на праведных, и уши Его открыты для их молитвы.»

(стих 15)

 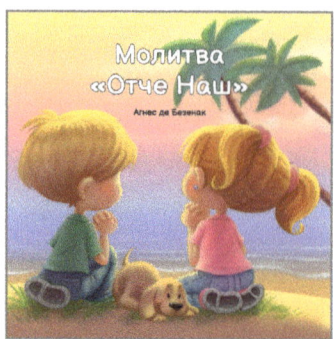

Больше книг в этой серии:

 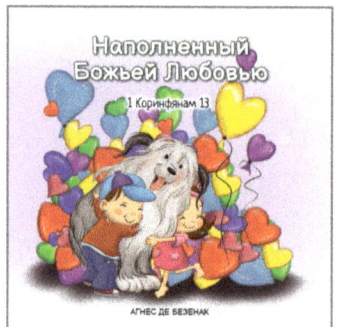  

Опубликовано iCharacter Ltd. (Ireland)
www.icharacter.org
Составлено Агнес де Безенак
Перевод: Наталия Феррейра
Авторское право 2020.

www.icharacter.org

Авторское право © 2020 iCharacter Ltd. Все права защищены. Никакая часть этой книги не может быть воспроизведена в любой форме или любым электронным или механическим способом, включая системы хранения и поиска информации, без письменного разрешения издателя или автора, за исключением случаев, когда рецензент может процитировать краткие отрывки, использованные в критических статьях или в рецензии.

www.ingramcontent.com/pod-product-compliance
Lightning Source LLC
Chambersburg PA
CBHW040011080526
44586CB00028B/2974